AF324392

ORDONNANCE
DU ROI,

Portant règlement sur le payement de la Capitation des Officiers de ses Troupes & autres, entre les mains des Trésoriers généraux de l'Extra-ordinaire des guerres.

Du 14 Février 1764.

DE PAR LE ROI.

SA MAJESTÉ ayant, par ses dernières ordonnances, au sujet de la nouvelle composition de ses Troupes, établi de nouveaux Officiers, dont les grades n'avoient point encore existé, & voulant fixer l'objet de la Capitation, à la retenue de laquelle ces nouveaux Officiers doivent être assujétis, Elle a jugé convenable de statuer, par une seule & même ordonnance, sur la Capitation qui doit être retenue aux Officiers de ses troupes & autres ; en conséquence, SA MAJESTÉ a ordonné & ordonne qu'à commencer du 1.ᵉʳ Janvier 1764, & à l'avenir, la Capitation des Officiers de ses troupes & autres, sera retenue par les Tréforiers généraux de l'Extraordinaire des guerres, fur le pied ci-après fixé, en exécution de la déclaration du 12 mars 1701, enfemble les Quatre fous pour livre, impofés par arrêt du Confeil du 18 décembre 1747, au lieu de Deux fous pour livre, dont la perception étoit ordonnée par celui du 22 décembre 1705.

SAVOIR:

OFFICIERS GÉNÉRAUX.

Les Lieutenans généraux des Armées du Roi . . . 450^l } 540^l
    Quatre fous pour livre . . . . 90. }

Les Maréchaux-de-camp . . . . 300. } 360.
    Quatre fous pour livre . . . . 60. }

Les Brigadiers des armées du Roi . . . . 200. } 240.
    Quatre fous pour livre . . . . 40. }

Les Maréchaux-des-logis des camps & armées . . . 300. } 360.
    Quatre fous pour livre . . . . 60. }

Les Aides-maréchaux-des-logis des camps & armées. 150. } 180.
    Quatre fous pour livre . . . . 30. }

Les Maréchaux-généraux-des-logis de la Cavalerie. . 200. } 240.
    Quatre fous pour livre , ... 40. }

OFFICIERS de l'État-major de la Cavalerie.

Le Colonel général de la Cavalerie . . . . 600. } 720.
    Quatre fous pour livre . . . . 120. }

Le Meftre-de-camp général de la Cavalerie . . . . . 450. } 540.
    Quatre fous pour livre . . . . 90. }

Le Commiffaire général de la Cavalerie . . . . . . 300. } 360.
    Quatre fous pour livre . . . . 60. }

Le Cornette blanc de France . . . . 300. } 360.
    Quatre fous pour livre . . . . 60. }

Le Maréchal-général-des-logis des camps & armées, aux appointemens de huit mille quatre cens livres . . . . 300. } 360.
    Quatre fous pour livre . . . . 60. }

Suite des Officiers de l'État-major de la Cavalerie.

Les Maréchaux-généraux-des-logis des camps
& armées, aux appointemens de quatre mille
deux cents livres . . . . 150^l _   } 180^l

     Quatre sous pour livre. . . . . 30.   _   }

Le Maréchal-général-des-logis de la Cavalerie. 200.   _   } 240.

     Quatre sous pour livre. . . . . 40.   _   }

Le Maréchal-des-logis de la Cavalerie . . . 100.   _   } 120.

     Quatre sous pour livre. . . . . 20.   _   }

Le Secrétaire général de la Cavalerie. . . . 100.   _   } 120.

     Quatre sous pour livre. . . . . 20.   _   }

P R E V Ô T É.

Le Prevôt. . . . . 20.   _   } 24.

     Quatre sous pour livre . . . . 4.   _   }

Le Lieutenant de Prevôt. . . . . 10.   _   } 12.

     Quatre sous pour livre. . . . . 2.   _   }

Les Fourriers. . . . . 6.   _   } 7.   4^{s}

     Quatre sous pour livre. . . . . 1.   4^{s} }

Le Greffier, l'Exempt, les Archers & l'Exé-
cuteur, chacun. . . . . 3.   _   } 3. 12.

     Quatre sous pour livre. . . . . _   12. }

Le Médecin . . . . 10.   _   } 12.

     Quatre sous pour livre. . . . . 2.   _   }

Les Chirurgiens. . . . . 3.   _   } 3. 12.

     Quatre sous pour livre. . . . . _   12. }

Les Trompettes. . . . . 2.   _   } 2. 8.

     Quatre sous pour livre. . . . . _   8. }

OFFICIERS de l'État-major des Dragons.

Le Colonel général des Dragons. . . . . . . 600.   _   } 720.

     Quatre sous pour livre. . . . . 120.   _   }

Le Mestre-de-camp général . . . . 450.   _   } 540.

     Quatre sous pour livre. . . . . 90.   _   }

Le Maréchal-des-logis . . . . 200.   _   } 240.

     Quatre sous pour livre. . . . . 40.   _   }

Le Secrétaire général . . . . 100[l] // } 120[l]
    Quatre sous pour livre . . . . 20. // }

P R E V Ô T É.

Le Prevôt . . . . 20. // } 24.
    Quatre sous pour livre . . . . 4. // }

Le Lieutenant de Prevôt . . . . 10. // } 12.
    Quatre sous pour livre . . . . 2. // }

Le Greffier, l'Exempt, les Archers & l'Exé-
cuteur, chacun . . . . 3. // } 3. 12[f]
    Quatre sous pour livre . . . . // 12[f] }

Le Médecin . . . . 10. // } 12.
    Quatre sous pour livre . . . . 2. // }

Le Chirurgien . . . . 3. // } 3. 12.
    Quatre sous pour livre . . . . // 12. }

L'Apothicaire . . . . 3. // } 3. 12.
    Quatre sous pour livre . . . . // 12. }

Le Trompette . . . . 2. // } 2. 8.
    Quatre sous pour livre . . . . // 8. }

OFFICIERS-MAJORS des Places frontières.

Les Gouverneurs, aux appointemens au-dessus
de six mille livres . . . . 600. // } 720.
    Quatre sous pour livre . . . . 120. // }

Les Lieutenans-de-Roi . . . . 180. // } 216.
    Quatre sous pour livre . . . . 36. // }

Les Majors à mille livres d'appointemens &
au-dessus . . . . 100. // } 120.
    Quatre sous pour livre . . . . 20. // }

Les Majors, aux appointemens au-dessous de
mille livres . . . . 75. // } 90.
    Quatre sous pour livre . . . . 15. // }

Les Aides-major . . . . 50. // } 60.
    Quatre sous pour livre . . . . 10. // }

Suite des Officiers-majors des Places frontières.

Les Capitaines des Portes . . . . 30^l }
    Quatre sous pour livre . . . . 6. } 36^l

Les Gouverneurs ou Commandans des Places, aux
appointemens de six mille livres . . . . 500. }
    Quatre sous pour livre . . . . 100. } 600.

Les Gouverneurs ou Commandans, aux appointe-
mens de trois mille jusqu'à six mille livres . . . . 400. }
    Quatre sous pour livre . . . . 80. } 480.

Les Gouverneurs ou Commandans, aux appointemens au-dessus de trois mille livres . . . . 300. }
    Quatre sous pour livre . . . . 60. } 360.

Les Gouverneurs ou Commandans des Citadelles,
aux appointemens de six mille livres . . . . 500. }
    Quatre sous pour livre . . . . 100. } 600.

Les Gouverneurs ou Commandans des Citadelles,
aux appointemens de trois mille jusqu'à six mille liv. 400. }
    Quatre sous pour livre . . . . 80. } 480.

Les Gouverneurs ou Commandans des Citadelles,
aux appointemens de deux mille jusqu'à trois
mille livres . . . . 300. }
    Quatre sous pour livre . . . . 60. } 360.

Les Gouverneurs ou Commandans, aux appointemens de quinze cents liv. jusqu'à deux mille liv. 200. }
    Quatre sous pour livre . . . . 40. } 240.

Les Gouverneurs ou Commandans, aux appointemens de douze cents jusqu'à quinze cents livres . . 150. }
    Quatre sous pour livre . . . . 30. } 180.

Les Gouverneurs ou Commandans, aux appointemens de mille à douze cents livres . . . . 100. }
    Quatre sous pour livre . . . . 20. } 120.

Les Gouverneurs ou Commandans, aux appointemens de neuf cents jusqu'à mille livres . . . . . 80. }
    Quatre sous pour livre . . . . 16. } 96.

Les Gouverneurs ou Commandans, aux appointemens de huit cents jusqu'à neuf cents livres . . 75. }
    Quatre sous pour livre . . . . 15. } 90.

Suite des Officiers-majors des Places frontières.

Les Gouverneurs ou Commandans, aux appointemens de six cents jusqu'à huit cents livres.... 50ˡ } 60ˡ
    Quatre sous pour livre.............. 10. }

Les Gouverneurs ou Commandans, aux appointemens au-dessous de six cents livres.......... 40. } 48.
    Quatre sous pour livre.............. 8. }

Les Lieutenans-de-Roi des Citadelles........... 180. } 216.
    Quatre sous pour livre.............. 36. }

Les Majors des Citadelles.................. 70. } 84.
    Quatre sous pour livre.............. 14. }

Les Aides-major des Citadelles.............. 30. } 36.
    Quatre sous pour livre.............. 6. }

Les Commandans des Forts & Châteaux..... 90. } 108.
    Quatre sous pour livre.............. 18. }

Les Lieutenans-de-Roi des Forts & Châteaux... 80. } 96.
    Quatre sous pour livre.............. 16. }

Les Majors des Forts & Châteaux.......... 45. } 54.
    Quatre sous pour livre.............. 9. }

Les Aides-major des Forts & Châteaux...... 20. } 24.
    Quatre sous pour livre.............. 4. }

Les Capitaines des Portes................. 20. } 24.
    Quatre sous pour livre.............. 4. }

OFFICIERS-MAJORS des Places évacuées.

Les Officiers-majors des Places évacuées, payeront
moitié de l'imposition des Officiers-majors des
Places frontières.

OFFICIERS-MAJORS des Garnisons ordinaires.

Les Gouverneurs, aux appointemens de deux mille
livres & au-dessus........................ 300. } 360.
    Quatre sous pour livre.............. 60. }

Les Gouverneurs, aux appointemens de quinze cents
jusqu'à deux mille livres................. 200. } 240.
    Quatre sous pour livre.............. 40. }

Suite des Officiers-majors des Garnisons ordinaires.

Les Gouverneurs, aux appointemens de douze cents
jusqu'à quinze cents livres............... 150^l } 180^l
   Quatre sous pour livre.............. 30. }

Les Gouverneurs, aux appointemens de mille
jusqu'à douze cents livres............... 100. } 120.
   Quatre sous pour livre.............. 20. }

Les Gouverneurs, aux appointemens de neuf cents
jusqu'à mille livres............... 90. } 108.
   Quatre sous pour livre.............. 18. }

Les Gouverneurs, aux appointemens de huit cents
jusqu'à neuf cents livres............... 75. } 90.
   Quatre sous pour livre.............. 15. }

Les Gouverneurs, aux appointemens de six cents
jusqu'à huit cents livres............... 60. } 72.
   Quatre sous pour livre.............. 12. }

Les Gouverneurs, aux appointemens de cinq cents
jusqu'à six cents livres............... 45. } 54.
   Quatre sous pour livre.............. 9. }

Les Gouverneurs, aux appointemens au-dessous
de cinq cents livres............... 40. } 48.
   Quatre sous pour livre.............. 8. }

Les Commandans, aux appointemens au-dessus de
neuf cents livres............... 90. } 108.
   Quatre sous pour livre.............. 18. }

Les Commandans, aux appointemens de neuf cents
livres............... 75. } 90.
   Quatre sous pour livre.............. 15. }

Les Commandans, aux appointemens de huit cents
jusqu'à neuf cents livres............... 70. } 84.
   Quatre sous pour livre.............. 14. }

Les Commandans, aux appointemens de six cents
jusqu'à huit cents livres............... 50. } 60.
   Quatre sous pour livre.............. 10. }

Les Commandans, aux appointemens de quatre
cents livres & au-dessous............... 35. } 42.
   Quatre sous pour livre.............. 7. }

Suite des Officiers-majors des Garnisons ordinaires.

Les Lieutenans-de-Roi, aux appointemens au-dessus de neuf cents livres............ 90^l _//_ } 108^l
   Quatre fous pour livre.......... 18. _//_

Les Lieutenans-de-Roi, aux appointemens de neuf cents livres................ 75. _//_ } 90.
   Quatre fous pour livre.......... 15. _//_

Les Lieutenans-de-Roi, aux appointemens de huit cents jufqu'à neuf cents livres..... 70. _//_ } 84.
   Quatre fous pour livre.......... 14. _//_

Les Lieutenans-de-Roi, aux appointemens de fix cents jufqu'à huit cents livres...... 50. _//_ } 60.
   Quatre fous pour livre.......... 10. _//_

Les Lieutenans-de-Roi, aux appointemens de cinq cents jufqu'à fix cents livres...... 45. _//_ } 54
   Quatre fous pour livre.......... 9. _//_

Les Lieutenans-de-Roi, aux appointemens de quatre cents jufqu'à cinq cents livres... 35. _//_ } 42.
   Quatre fous pour livre.......... 7. _//_

Les Lieutenans-de-Roi, aux appointemens au-deffous de quatre cents livres......... 30. _//_ } 36.
   Quatre fous pour livre.......... 6. _//_

Les Majors, aux appointemens au-deffus de neuf cents livres................ 70. _//_ } 84.
   Quatre fous pour livre.......... 14. _//_

Les Majors, aux appointemens de neuf cents livres........................ 67. 10^f } 81.
   Quatre fous pour livre.......... 13. 10.

Les Majors, aux appointemens de huit cents jufqu'à neuf cents livres............. 60. _//_ } 72.
   Quatre fous pour livre.......... 12. _//_

Les Majors, aux appointemens de fix cents jufqu'à huit cents livres............. 45. _//_ } 54.
   Quatre fous pour livre.......... 9. _//_

Les Majors, aux appointemens de cinq cents jufqu'à fix cents livres............. 40. _//_ } 48.
   Quatre fous pour livre.......... 8. _//_

Les Majors, aux appointemens de quatre cents
livres.................................... 30^l } 36^l
    Quatre sous pour livre............. 6. }

Les Majors, aux appointemens au-dessous de quatre
cents livres............................ 20. } 24.
    Quatre sous pour livre............. 4. }

Les Aides-major........................ 20. } 24.
    Quatre sous pour livre............. 4. }

Les Capitaines des Portes.............. 20. } 24.
    Quatre sous pour livre............. 4. }

Les Capitaines des villes & châteaux, aux appointemens au-dessus de neuf cents livres....... 90. } 108.
    Quatre sous pour livre............. 18. }

Les Capitaines des villes & châteaux, aux appointemens de neuf cents livres............. 75. } 90.
    Quatre sous pour livre............. 15. }

Les Capitaines des villes & châteaux, aux appointemens de huit cents jusqu'à neuf cents
livres.................................. 70. } 84.
    Quatre sous pour livre............. 14. }

Les Capitaines des villes & châteaux, aux appointemens de six cents jusqu'à huit cents livres... 50. } 60.
    Quatre sous pour livre............. 10. }

Les Capitaines des villes & châteaux, aux appointemens de quatre cents jusqu'à six cents livres... 40. } 48.
    Quatre sous pour livre............. 8. }

Les Capitaines des villes & châteaux, aux appointemens au-dessous de quatre cents livres...... 20. } 24.
    Quatre sous pour livre............. 4. }

Les Enseignes des villes & châteaux......... 45. } 54.
    Quatre sous pour livre............. 9. }

Les Sergens de bataille................. 20. } 24.
    Quatre sous pour livre............. 4. }

Les Auditeurs des bandes............... 10. } 12.
    Quatre sous pour livre............. 2. }

Suite des Officiers-majors des Garnisons ordinaires.

Les Prevôts des bandes. . . . . 3ˡ « ⎱
    Quatre fous pour livre. . . . . « 12ᶜ ⎰ 3ˡ 12ᶜ

Les Exempts, Greffiers, Archers & Exécu-
    teurs, chacun. . . . . 3. « ⎱
    Quatre fous pour livre. . . . . « 12. ⎰ 3. 12.

Les Auditeurs de camp. . . . . 10. « ⎱
    Quatre fous pour livre. . . . . 2. « ⎰ 12.

Les Secrétaires des provinces. . . . . 30. « ⎱
    Quatre fous pour livre. . . . . 6. « ⎰ 36.

Les Colonels ou Meſtres-de-camp entretenus
    à la ſuite des garniſons, *aux appointemens*
    de huit cents livres & au-deſſus. . . . . . 90. « ⎱
    Quatre fous pour livre. . . . . 18. « ⎰ 108.

Les Colonels ou Meſtres-de-camp entretenus
    à la ſuite des garniſons, *aux appointemens*
    de ſix cents juſqu'à huit cents livres. . . . 45. « ⎱
    Quatre fous pour livre. . . . . 9. « ⎰ 54.

Les Maréchaux-des-logis. . . . . 4. « ⎱
    Quatre fous pour livre. . . . . « 16. ⎰ 4. 16.

Les Médecins. . . . . 10. « ⎱
    Quatre fous pour livre. . . . . 2. « ⎰ 12.

Les Aides-major de la Bourgeoiſie des villes. 3. « ⎱
    Quatre fous pour livre. . . . . « 12. ⎰ 3. 12.

Les Tréſoriers des morte-payes des Provinces. 6. « ⎱
    Quatre fous pour livre. . . . . 1. 4. ⎰ 7. 4.

Les Garde-magaſins des Places & Châteaux. 3. « ⎱
    Quatre fous pour livre. . . . . « 12. ⎰ 3. 12.

Le Capitaine-lieutenant de la compagnie, ci-
    devant entretenue à Màcon. . . . . 9. « ⎱
    Quatre fous pour livre. . . . . 1. 16. ⎰ 10. 16.

L'Enſeigne de ladite compagnie. . . . . 4. « ⎱
    Quatre fous pour livre. . . . . « 16. ⎰ 4. 16.

Le Sergent de ladite compagnie. . . . . 2. « ⎱
    Quatre fous pour livre. . . . . « 8. ⎰ 2. 8.

Suite des Officiers-majors des Garnisons ordinaires.

Le Clerc du guet de Mâcon	3ˡ	″	
Quatre fous pour livre	″	12ᶠ	} 3ˡ 12ᶠ
L'Intendant ayant foin des fortifications de la province de Bourgogne	30.	″	
Quatre fous pour livre	6.	″	} 36.
Le Lieutenant provincial d'artillerie de ladite Province	15.	″	
Quatre fous pour livre	3.	″	} 18.
L'Enfeigne de la Garnifon de Breft & ifle d'Oueffant	4.	″	
Quatre fous pour livre	″	16.	} 4. 16.
Les Employés pour l'entretenement du magafin du Havre, chacun	6.	″	
Quatre fous pour livre	1.	4.	} 7. 4.
Le Commandant des compagnies bourgeoifes dans la généralité de Caen	9.	″	
Quatre fous pour livre	1.	16.	} 10. 16.
Le Commiffaire d'artillerie en Languedoc	30.	″	
Quatre fous pour livre	6.	″	} 36.
L'Intendant de la province du Languedoc	200.	″	
Quatre fous pour livre	40.	″	} 240.
Les Chirurgiens	3.	″	
Quatre fous pour livre	″	12.	} 3. 12.
Les Interprètes	3.	″	
Quatre fous pour livre	″	12.	} 3. 12.
Les Portiers	3.	″	
Quatre fous pour livre	″	12.	} 3. 12.
Les Patrons de barque	3.	″	
Quatre fous pour livre	″	12.	} 3. 12.
Les Fontainiers	3.	″	
Quatre fous pour livre	″	12.	} 3. 12.
Les Vifiteurs de navires	6.	″	
Quatre fous pour livre	1.	4.	} 7. 4.

Suite des Officiers-majors des Garnisons ordinaires.

Les Armuriers. . . . . 6ˡ　"　$\Big\}$　7ˡ　4ᶜ
　　Quatre fous pour livre. . . . . 1.　4ᶜ

Les Pilotes. . . . . 2.　"　$\Big\}$　2.　8.
　　Quatre fous pour livre. . . . . "　8.

Les Mariniers. . . . . 2.　"　$\Big\}$　2.　8.
　　Quatre fous pour livre. . . . . "　8.

Les Sentinelles. . . . . 2.　"　$\Big\}$　2.　8.
　　Quatre fous pour livre. . . . . "　8.

Les Porte-clefs. . . . . 2.　"　$\Big\}$　2.　8.
　　Quatre fous pour livre. . . . . "　8.

Les Horlogers. . . . . 2.　"　$\Big\}$　2.　8.
　　Quatre fous pour livre. . . . . "　8.

Les Gardes des éclufes. . . . . 2.　"　$\Big\}$　2.　8.
　　Quatre fous pour livre. . . . . "　8.

Les Concierges des prifons. . . . . 2.　"　$\Big\}$　2.　8.
　　Quatre fous pour livre. . . . . "　8.

Les Matelots. . . . . 1.　"　$\Big\}$　1.　4.
　　Quatre fous pour livre. . . . . "　4.

Les Maçons. 1.　"　$\Big\}$　1.　4.
　　Quatre fous pour livre. . . . . "　4.

Les Nétoyeurs des guérites des Places & Forts.　1.　"　$\Big\}$　1.　4.
　　Quatre fous pour livre. . . . . "　4.

INFANTERIE FRANÇOISE.

Les Colonels. . . . . 150.　"　$\Big\}$　180.
　　Quatre fous pour livre. . . . . 30.　"

Les Lieutenans-colonels. . . . . 30.　"　$\Big\}$　36.
　　Quatre fous pour livre. . . . . 6.　"

Les Commandans de bataillon. . . . . 9.　"　$\Big\}$　10. 16.
　　Quatre fous pour livre. . . . . 1. 16.

Les Majors. 9.　"　$\Big\}$　10. 16.
　　Quatre fous pour livre. . . . . 1. 16.

Les Capitaines............................	9ˡ	″	10ˡ 16ˢ
Quatre sous pour livre............	1.	16ˢ	
Les Lieutenans............................	4.	″	4. 16.
Quatre sous pour livre............	″	16.	
Les Sous-lieutenans......................	2.	″	2. 8.
Quatre sous pour livre............	″	8.	
Les Aides-major avec rang de Capitaine...	9.	″	10. 16.
Quatre sous pour livre............	1.	16.	
Les Aides-major, sans commission de Capitaine......................	4.	″	4. 16.
Quatre sous pour livre............	″	16.	
Les Sous-aides-major......................	4.	″	4. 16.
Quatre sous pour livre............	″	16.	
Les Porte-drapeaux......................	2.	″	2. 8.
Quatre sous pour livre............	″	8.	
Les Quartier-maîtres......................	2.	″	2. 8.
Quatre sous pour livre............	″	8.	
Les Trésoriers des régimens..........	6.	″	7. 4.
Quatre sous pour livre............	1.	4.	
Les Chirurgiens........................	3.	″	3. 12.
Quatre sous pour livre............	″	12.	
Les Colonels servant au corps des Grenadiers de France......................	75.	″	90.
Quatre sous pour livre............	15.	″	
Les Lieutenans-colonels servant, *idem*....	30.	″	36.
Quatre sous pour livre............	6.	″	
Les Commandans des bataillons de Milice...	9.	″	10. 16.
Quatre sous pour livre............	1.	16.	
Les Capitaines de Milice..............	9.	″	10. 16.
Quatre sous pour livre............	1.	16.	

BATAILLONS de RECRUE.

Les Officiers des bataillons de Recrue, payeront la Capitation sur le même pied que ceux d'Infanterie.

Les Officiers réformés à la suite des régimens
& des Places, payeront moitié des Officiers
en pied.

TROUPES-LÉGÈRES.

Les Colonels ou Commandans en chef un
corps de Volontaires.................... 150ᵗ // } 180ᵗ
    Quatre sous pour livre.......... 30. //

Les Lieutenans-colonels ou Commandans
particuliers...................... 30. // } 36.
    Quatre sous pour livre.......... 6. //

Les Officiers d'Infanterie desdits corps, sur le
pied des Officiers d'Infanterie.

Les Officiers à cheval, sur le pied des Officiers de Cavalerie.

INFANTERIE ÉTRANGÈRE.

Les Colonels........................ 150. // } 180.
    Quatre sous pour livre........... 30. //

Les Colonels-commandans.............. 150. // } 180.
    Quatre sous pour livre........... 30. //

Les Lieutenans-colonels.............. 30. // } 36.
    Quatre sous pour livre........... 6. //

Les Majors.......................... 15. // } 18.
    Quatre sous pour livre........... 3. //

Les Capitaines...................... 9. // } 10. 16ˢ
    Quatre sous pour livre........... 1. 16.

Les Lieutenans...................... 4. // } 4. 16.
    Quatre sous pour livre........... // 16.

Les Sous-lieutenans................. 2. // } 2. 8.
    Quatre sous pour livre........... // 8.

Les Aides-major, avec rang de Capitaine.. 9. // } 10. 16.
    Quatre sous pour livre........... 1. 16.

Les Aides-major, sans commission de Capitaine............................ 4. // } 4. 16.
    Quatre sous pour livre........... // 16.

Les Sous-aides-major . . . . 4^l //   } 4^l 16^f
   Quatre sous pour livre . . . . //   16^f }

Les Porte-drapeaux . . . . 2.   //   } 2. 8.
   Quatre sous pour livre . . . . //   8.   }

Les Quartier-maîtres . . . . 2.   //   } 2. 8.
   Quatre sous pour livre . . . . //   8.   }

Les Trésoriers des régimens . . . . 6.   //   } 7. 4.
   Quatre sous pour livre . . . . 1.   4.   }

Les Fourriers & Chirurgiens, chacun . . . . . 3.   //   } 3. 12^f
   Quatre sous pour livre . . . . //   12.   }

Les Capitaines, Lieutenans & Sous-lieutenans Recruteurs, comme les Officiers
en pied.

CAVALERIE, CARABINIERS, HUSSARDS
& DRAGONS.

Les Mestres-de-camp de Cavalerie & de
Dragons, & autres Officiers ayant rang de
Mestres-de-camp . . . . 150.   //   } 180.
   Quatre sous pour livre . . . . 30.   //   }

Les Lieutenans-colonels . . . . 30.   //   } 36.
   Quatre sous pour livre . . . . 6.   //   }

Les Majors . . . . 15.   //   } 18.
   Quatre sous pour livre . . . . 3.   //   }

Les Capitaines . . . . 15.   //   } 18.
   Quatre sous pour livre . . . . 3.   //   }

Les Lieutenans . . . . 9.   //   } 10. 16.
   Quatre sous pour livre . . . . 1.   16.   }

Les Cornettes . . . . 4.   10.   } 5. 8.
   Quatre sous pour livre . . . . //   18.   }

Les Cornettes des compagnies Colonelle &
Mestre-de-camp des cinq régimens de l'État-
major de la Cavalerie & des Dragons . . . 9.   //   } 10. 16.
   Quatre sous pour livre . . . . 1.   16.   }

Suite de la Cavalerie, Carabiniers, Huffards & Dragons.

Les Aides-major, avec commiffion de Ca-
pitaine. . . . . 15ˡ   ″   } 18ˡ
    Quatre fous pour livre. . . . . 3.   ″   }

Les Aides-major, fans commiffion de Capitaine. 9.   ″   }
    Quatre fous pour livre. . . . . 1. 16ˡ } 10. 16ˡ

Les Sous-aides-major. . . . . 9.   ″   }
    Quatre fous pour livre. . . . . 1. 16. } 10. 16.

Les Sous-lieutenans. . . . . 4. 10. }
    Quatre fous pour livre. . . . . ″ 18. } 5. 8.

Les Porte-étendards. . . . . 4. 10. }
    Quatre fous pour livre. . . . . ″ 18. } 5. 8.

Les Quartier-maîtres. . . . . 4. 10. }
    Quatre fous pour livre. . . . . ″ 18. } 5. 8.

Les Tréforiers des régimens. . . . . 6.   ″   }
    Quatre fous pour livre. . . . . 1. 4. } 7. 4.

Les Chirurgiens. 3.   ″   }
    Quatre fous pour livre. . . . . ″ 12. } 3. 12.

OFFICIERS RÉFORMÉS retirés.

INFANTERIE.

Les Colonels, aux appointemens de neuf cents
livres. . . . . 75.   ″   }
    Quatre fous pour livre. . . . . 15.   ″   } 90.

Les Colonels, aux appointemens au-deffous de
neuf cents livres. . . . . 37. 10. }
    Quatre fous pour livre. . . . . 7. 10. } 45.

Les Lieutenans-colonels, aux appointemens de
neuf cents livres. . . . . 15.   ″   }
    Quatre fous pour livre. . . . . 3.   ″   } 18.

Les Lieutenans-colonels, aux appointemens
au-deffous de neuf cents livres. . . . . 7. 10. }
    Quatre fous pour livre. . . . . 1. 10. } 9.

Les Capitaines, aux appointemens de quatre
cents cinquante livres. . . . . 4. 10. }
    Quatre fous pour livre. . . . . ″ 18. } 5. 8.

Les Capitaines, aux appointemens au-dessous
de quatre cents cinquante livres . . . . 2^l 5^f } 2^l 14^f
 Quatre sous pour livre . . . . // 9. }

Les Lieutenans, aux appointemens de deux
cents quarante livres . . . . 2. // } 2. 8.
 Quatre sous pour livre . . . . // 8. }

Les Lieutenans, aux appointemens au-dessous
de deux cents quarante livres . . . . 1. // } 1. 4.
 Quatre sous pour livre . . . . // 4. }

CAVALERIE.

Les Mestres-de-camp, aux appointemens de
dix-huit cents livres . . . . 75. // } 90.
 Quatre sous pour livre . . . . 15. // }

Les Mestres-de-camp, aux appointemens au-
dessous de dix-huit cents livres . . . . . . 37. 10. } 45.
 Quatre sous pour livre . . . . 7. 10. }

Les Lieutenans-colonels, aux appointemens de
dix-huit cents livres . . . . 15. // } 18.
 Quatre sous pour livre . . . . 3. // }

Les Lieutenans-colonels, aux appointemens
au-dessous de dix-huit cents livres . . . . 7. 10. } 9.
 Quatre sous pour livre . . . . 1. 10. }

Les Capitaines, aux appointemens de mille
quatre-vingts livres . . . . 7. 10. } 9.
 Quatre sous pour livre . . . . 1. 10. }

Les Capitaines, aux appointemens au-dessous
de mille quatre-vingts livres . . . . 3. 15. } 4. 10.
 Quatre sous pour livre . . . . // 15. }

Les Lieutenans . . . . 2. 5. } 2. 14.
 Quatre sous pour livre . . . . // 9. }

DRAGONS.

Les Mestres-de-camp, aux appointemens de
mille quatre-vingts livres . . . . 75. // } 90.
 Quatre sous pour livre . . . . 15. // }

Ceux aux appointemens au-deſſous de mille quatre-vingts livres. . . . . 37ˡ 10ᶠ } 45ᶠ
    Quatre ſous pour livre. . . . . 7. 10.

Les Lieutenans-colonels, aux appointemens de mille quatre-vingts livres. . . . . 15. ″ } 18.
    Quatre ſous pour livre. . . . . 3. ″

Ceux aux appointemens au-deſſous de mille quatre-vingts livres. . . . . 7. 10. } 9.
    Quatre ſous pour livre. . . . . 1. 10.

Les Capitaines, aux appointemens de cinq cents quarante livres. . . . . 7. 10. } 9.
    Quatre ſous pour livre. . . . . 1. 10.

Ceux aux appointemens au-deſſous de cinq cents quarante livres. . . . . 3. 15. } 4. 10ᶠ
    Quatre ſous pour livre. . . . . ″ 15.

Les Lieutenans, aux appointemens de trois cents ſoixante livres. . . . . 4. 10. } 5. 8.
    Quatre ſous pour livre. . . . . ″ 18.

Ceux aux appointemens au-deſſous de trois cents ſoixante livres. . . . . 2. 5. } 2. 14.
    Quatre ſous pour livre. . . . . ″ 9.

COMMISSAIRES des guerres.

Les Commiſſaires des guerres en charge. . . . 150. ″ } 180.
    Quatre ſous pour livre. . . . . 30. ″

Les Commiſſaires des guerres par commiſſion, & ceux exerçant pour les titulaires. . . . . 30. ″ } 36.
    Quatre ſous pour livre. . . . . 6. ″

EMPLOYÉS aux Hôpitaux, & autres.

Les Médecins. . . . . 10. ″ } 12.
    Quatre ſous pour livre. . . . . 2. ″

Les Chirurgiens. . . . . 3. ″ } 3. 12.
    Quatre ſous pour livre. . . . . ″ 12.

Les Apothicaires, ... 3. ″ } 3. 12.
    Quatre ſous pour livre. . . . . ″ 12.

Suite des Employés aux Hôpitaux, & autres.

	l.	s.		l.	s.
Les Contrôleurs........................	3	"	}	3	12
Quatre sous pour livre...........	"	12			
Les Garde-magasins.................	3.	"	}	3.	12.
Quatre sous pour livre...........	"	12.			
Les Fourriers........................	3.	"	}	3.	12.
Quatre sous pour livre...........	"	12.			
Les Consignes........................	2.	"	}	2.	8.
Quatre sous pour livre...........	"	8.			
Les Portiers........................	3.	"	}	3.	12.
Quatre sous pour livre...........	"	12.			
Les Mariniers........................	3.	"	}	3.	12.
Quatre sous pour livre...........	"	12.			
Les Concierges des prisons..........	3.	"	}	3.	12.
Quatre sous pour livre...........	"	12.			

LES Trésoriers généraux de l'Extraordinaire des guerres, & leurs Commis dans les provinces & armées, feront la retenue de la Capitation, conformément au présent règlement, sur les appointemens qu'ils payent aux Officiers des troupes de Sa Majesté, & autres qui remplissent les places y désignées.

Cette retenue se fera en deux parties égales, dont la première moitié en Mars, & la seconde en Septembre, conformément à l'article V de la déclaration de 1701.

Ladite retenue aura lieu sur les régimens, bataillons & compagnies, tant d'Infanterie que de Cavalerie & Dragons, sur le pied complet, sans avoir égard aux emplois vacans ; sauf aux Trésoriers des régimens, de la faire supporter par ceux qui rempliront, par la suite, lesdits emplois vacans.

La Capitation des Officiers-majors & autres, qui se trouveroient revêtus de différens emplois, leur sera retenue sur le pied du grade supérieur.

Les Officiers-majors de quelques Places, à qui il a été accordé des modérations par des raisons particulières, continueront à jouir desdites modérations; mais leurs successeurs seront assujétis à la retenue de la Capitation, conformément au présent règlement.

FAIT à Versailles le quatorze février mil sept cent soixante-quatre. *Signé* LOUIS. *Et plus bas,* LE DUC DE CHOISEUL.

A PARIS,

DE L'IMPRIMERIE ROYALE.

M. DCCLXIV.